century, are useful chiefly because they reflect the pract[...]
Sacrae in providing accidentals that earlier manuscripts generally [...]
edge and discretion of the performer.

Bar-lines, small accidentals, and warning or cancelling accidentals in parentheses are editorial. There follows a list of those places (a) where the sources differ over the notes and (b) where there is reasonable doubt—and indeed some choice—about accidentals. (o = accidental omitted; *m* = minim; *c* = crotchet; *c.* = dotted crotchet, and so on. **M** refers to both Merro's MSS., and **P** to all the Paston sources unless otherwise stated.) *Incipit lamentatio:* bar 13 *stave* III *symbol* 1: *c*E *c*F **B** / 26 II 3: o **A, B, M**; 4: o **B, M, P**—the Gs in 26–29 II may be left natural / 38 II 2: ♯ **C** / 45 I 3: *q*C *q*B **B** / 59 III 4: ♮ **B** / 61 V 4: ♭ from k-s **A** & **C** only / 64 II 2: ♮ **B**; ♭ here & in 63 implied by 61 in **A** / 88 IV 3: o **A, P** / III 120.4—121.1: *qqq* **B** / 142 V 2: ♯ **C**, also the only MS. to give an unlikely ♯ at 137 V 2.

De lamentatione: I 15.3–16.3: *c*E *c*D *c*F **P** / 18 III: *m.cc* **B** / 36 II 1: C **B, C** / 86 III 4: ♭ (in k-s) **B** only / 91 I 1: ♮ **P**; 3: ♯ **P** only / II 126.4–127.1: *cc* **P** / 127 IV 4: ♭ (in k-s) **C** only / 128 III: accidentals in **P4** only / 130 III 1: D **P** / 131–141 I–IV: a difficult passage; **B** & **C** have E♭ in k-s with no supplementary accidentals; **A** and **D** leave E♭ out of k-s or raise Es by accidental; **P** is inconsistent. The present edition accepts **A**'s version except in 140–141. If E♮s are preferred here then Bs that lead to Cs should be raised throughout the passage—a step that may in any case be taken / 202 V 3: ♮ **P3, P4** / 207 & 209 II 1: ♮ **P3** / 223 V 5: *q*B *q*C **P3, P4, E** / 226 III 1: ♮ **P** / 226 V 2: ♮ **P4** / 230 V 2: ♮ **P3, P4**. This list represents all the most important textual questions; the fuller information given in the footnotes to *Tudor Church Music*, vol. VI is neither complete nor accurate enough to be used in making further decisions about the text.

PHILIP BRETT

Berkeley,
California.
Summer 1967

I

Incipit lamentatio Ieremiae prophetae:

ALEPH. Quomodo sedet sola civitas plena populo: facta est quasi vidua domina gentium, princeps provinciarum facta est sub tributo.

BETH. Plorans ploravit in nocte, et lacrimae eius in maxillis eius: non est qui conseletur eam ex omnibus caris eius: omnes amici eius spreverunt eam, et facti sunt ei inimici.

Ierusalem, Ierusalem, convertere ad Dominum Deum tuum.

II

De lamentatione Ieremiae prophetae:

GHIMEL. Migravit Iuda propter afflictionem ac multitudinem servitutis, habitavit inter gentes, nec invenit requiem.

DALETH. Omnes persecutores eius apprehenderunt eam inter angustias. [Viae Sion] lugent, eo quod non sint qui veniant ad solemnitatem. Omnes portae eius destructae, sacerdotes eius gementes, virgines eius squalidae, et ipsa oppressa amaritudine.

HE. Facti sunt hostes eius in capite, inimici illius locupletati sunt; quia Dominus locutus est super eam propter multitudinem iniquitatum eius: parvuli eius ducti sunt captivi ante faciem tribulantis.

Ierusalem, Ierusalem, convertere ad Dominum Deum tuum.

First two lessons of Tenebrae, Maundy Thursday

I

Here beginneth the lamentation of Jeremiah the prophet:

I   How doth the city sit solitary, that was full of people! how is she become as a widow! she that was great among the nations, and princess among the provinces, how is she become tributary!

II   She weepeth sore in the night, and her tears are on her cheeks; among all her lovers she hath none to comfort her: all her friends have dealt treacherously with her, they are become her enemies.

Jerusalem, Jerusalem, return unto the Lord thy God.

II

From the lamentation of Jeremiah the prophet:

III   Judah is gone into captivity because of affliction, and because of great servitude; she dwelleth among the heathen, she findeth no rest.

IV   All her persecutors overtook her within the straits. [The ways of Zion] they mourn, because none come to the solemn assembly. All her gates are desolate, her priests sigh, her virgins are afflicted, and she herself is in bitterness.

V   Her adversaries are become the head, her enemies prosper; for the Lord hath afflicted her for the multitude of her transgressions; her children are gone into captivity before the adversary.

Jerusalem, Jerusalem, return unto the Lord thy God.

Lamentations of Jeremiah 1, *vv.* 1 – 5

THE LAMENTATIONS OF JEREMIAH

I

THOMAS TALLIS (†1585)
edited by Philip Brett

Printed in Great Britain
OXFORD UNIVERSITY PRESS, MUSIC DEPARTMENT, GREAT CLARENDON STREET, OXFORD OX2 6DP

The Lamentations of Jeremiah

The Lamentations of Jeremiah

The Lamentations of Jeremiah

The Lamentations of Jeremiah

The Lamentations of Jeremiah

The Lamentations of Jeremiah

8

The Lamentations of Jeremiah

The Lamentations of Jeremiah

The Lamentations of Jeremiah

The Lamentations of Jeremiah

The Lamentations of Jeremiah

Do - mi-num De - um tu - - - um, con - ver-te - re ad
-re ad Do - mi - num De - um tu - um, con - ver-te -
-re ad Do - mi - num De - um tu - um, con - ver-te -
-re ad Do - mi - num De - um tu - um, con - ver-te -
-re ad Do - mi - num De - um tu - um, con - ver-te -

140

Do - mi-num De - - - um_____ tu - - - - um.
-re ad Do - mi - num De - um tu - um._____
-re ad Do - mi - num De - um tu - - - um.
-re ad Do - mi - num De - um tu - - - um.
-re ad Do - mi - num De - um tu - - - um.

The Lamentations of Jeremiah

II

The Lamentations of Jeremiah

The Lamentations of Jeremiah

The Lamentations of Jeremiah

20

The Lamentations of Jeremiah

The Lamentations of Jeremiah

The Lamentations of Jeremiah

24

The Lamentations of Jeremiah

26

27

The Lamentations of Jeremiah

28

The Lamentations of Jeremiah

The Lamentations of Jeremiah

The Lamentations of Jeremiah

The Lamentations of Jeremiah

34

The Lamentations of Jeremiah

The Lamentations of Jeremiah

The Lamentations of Jeremiah

The Lamentations of Jeremiah

220

The Lamentations of Jeremiah

The Lamentations of Jeremiah

Processed and printed by
Halstan & Co. Ltd., Amersham, Bucks., England